DES POISSONS EFFRAYANTS MAIS INTÉRESSANTS

Julie K. Lundgren

Un livre de la collection
Les jeunes plantes de Crabtree

CRABTREE
Publishing Company
www.crabtreebooks.com

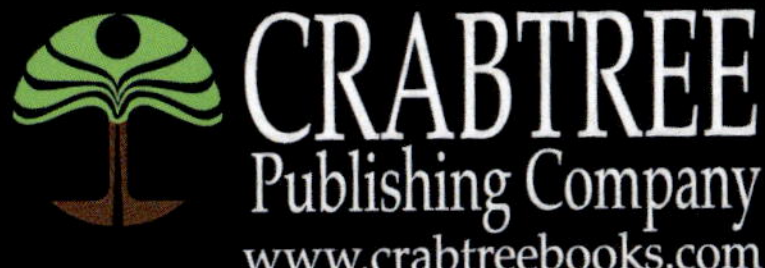

TABLE DES MATIÈRES

VIVRE DANS L'EAU

Les poissons sont de différentes formes, couleurs et tailles. Ils ont une colonne vertébrale, des **branchies** et des nageoires, et sont **ectothermes**. Lorsque la température de l'eau monte et descend, leur corps se réchauffe ou se refroidit pour atteindre la même température que l'eau.

EFFRAYANT OU INTÉRESSANT?

L'opah, un poisson des profondeurs océaniques, est le seul poisson à sang chaud.

Le requin-baleine est le plus gros poisson de l'océan. Il peut atteindre une longueur de 40 pieds (12 mètres) ou plus.

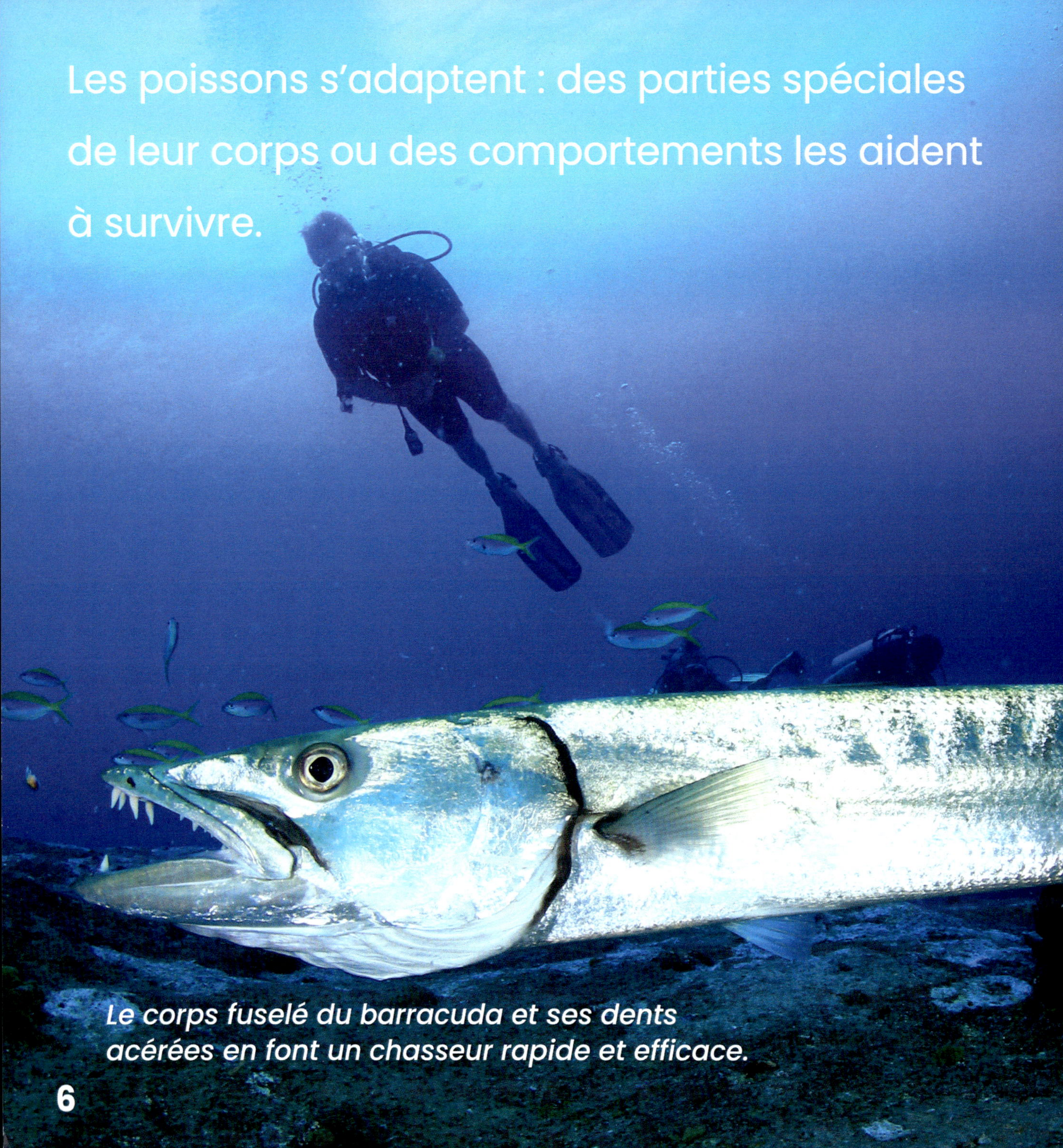

Les poissons s'adaptent : des parties spéciales de leur corps ou des comportements les aident à survivre.

Le corps fuselé du barracuda et ses dents acérées en font un chasseur rapide et efficace.

Effrayant ou intéressant?

Le périophthalme est doté d'organes spéciaux qui lui permettent de vivre sur la terre. Il remplit ses chambres branchiales d'eau pour respirer. Il utilise ses nageoires pour ramper. Il utilise sa bouche comme une pelle pour creuser des trous d'eau dans lesquels se cacher.

Les poissons vivent dans des **habitats** d'eau salée et d'eau douce. Ces habitats peuvent être froids ou chauds, lumineux ou sombres, profonds ou peu profonds.

Le garpique alligator, un type de poisson de rivière, peut atteindre une longueur de 10 pieds (3 mètres). La forme de son museau et ses dents en rangée rappellent ceux d'un alligator.

La murène verte se cache tranquillement dans les récifs de corail, attendant sa ***proie****.*

Les poissons ont des moyens pour se défendre des attaques.

Les poissons peuvent assurer leur sécurité et mieux chasser en grands groupes, appelés des bancs.

Le poisson-globe se remplit d'eau pour gonfler son corps comme un ballon, ce qui le rend difficile à avaler.

D'autres poissons se défendent grâce à des adaptations corporelles.

Lorsqu'elle est attaquée, la myxine produit un mucus épais qui la rend visqueuse et difficile à attraper.

Les couleurs vives rappellent aux ***prédateurs*** *de ne pas manger la rascasse volante.*

TROUVER DE LA NOURRITURE

Les poissons doivent manger et éviter d'être mangés. Certains utilisent le **camouflage** pour se cacher des prédateurs ou des proies.

EFFRAYANT OU INTÉRESSANT?

Le poisson-crapaud peut changer de couleur pour se fondre dans son environnement.

L'hippocampe feuille tangue au milieu des algues.

Les poissons ont des parties du corps spéciales pour capturer leur nourriture préférée.

La barbotte a des barbillons épais et spongieux couverts de bourgeons gustatifs pour trouver de la nourriture dans les eaux sombres.

EFFRAYANT OU INTÉRESSANT?

La lamproie a une bouche avec des rangées circulaires de dents, qu'elle utilise pour se fixer à d'autres poissons. Elle suce le sang et les liquides du poisson.

Les **carnivores** trouvent et capturent des proies. Ils peuvent utiliser des dents tranchantes, des appâts brillants ou même des décharges électriques.

EFFRAYANT OU INTÉRESSANT?

L'anguille électrique électrocute sa proie jusqu'à ce qu'elle meure. AÏE!

Le poisson-grenouille strié est couvert d'épines qui ressemblent à des poils. Il attire sa proie au moyen d'une partie du corps spéciale qui ressemble à un ver.

Les détritivores mangent les animaux morts et mourants, ainsi que d'autres petites grignotines qui flottent ou qui nagent près d'eux.

Les rémoras nagent près des requins et d'autres gros poissons pour manger leurs restes.

La morue-lingue pond de 60,000 à 500,000 œufs à la fois.

JEUNES ALEVINS S'IL VOUS PLAÎT

Les poissons femelles pondent des œufs et les mâles les fécondent. Les œufs peuvent éclore en quelques jours ou en quelques mois, selon le type de poisson.

Les jeunes poissons, appelés alevins, grandissent pour devenir des adultes. Un poisson est adulte quand il peut se **reproduire**. Seuls quelques œufs survivent pour devenir des poissons adultes.

Les œufs et les alevins sont d'excellents repas pour les oiseaux et d'autres poissons.

GLOSSAIRE

branchies (bran-chi) : Une partie du corps spéciale des poissons et des amphibiens qui leur permet de respirer sous l'eau

camouflage (ka-mou-flaj) : Des couleurs ou des motifs qui se fondent à l'environnement pour aider les animaux à se cacher

carnivores (kar-ni-vor) : Des animaux qui mangent d'autres animaux

ectothermes (èk-to-tèrm) : Des animaux dont la température corporelle varie en fonction de l'environnement

habitats (a-bi-ta) : Lieux où les animaux vivent naturellement

prédateurs (pré-da-teur) : Des animaux qui chassent et mangent d'autres animaux

proie (proa) : Des animaux chassés et mangés par d'autres animaux

reproduire (re-pro-duir) : Faire un plus grand nombre de quelque chose

INDEX

Soutien de l'école à la maison pour les parents, les gardiens et les enseignants

Ce livre aide les enfants à se développer grâce à la pratique de la lecture. Voici quelques exemples de questions pour aider le lecteur ou la lectrice à développer ses capacités de compréhension. Les suggestions de réponses sont indiquées en rouge.

Avant la lecture

- **De quoi ce livre parle-t-il?** *Je pense que ce livre parle de poissons effrayants et intéressants. Je pense que ce livre explique où vivent différents poissons.*
- **Qu'est-ce que je veux apprendre sur ce sujet?** *Je veux savoir comment les poissons respirent sous l'eau. Je veux savoir si les poissons peuvent voir dans les parties les plus sombres de la mer.*

Pendant la lecture

- **Je me demande pourquoi...** *Je me demande pourquoi les poissons peuvent avoir un si grand nombre de formes différentes. Je me demande pourquoi il y a des poissons venimeux et où ils vivent.*
- **Qu'est-ce que j'ai appris jusqu'à présent?** *J'ai appris que le requin-baleine est le plus gros poisson de la mer; il peut atteindre une longueur de 40 pieds (12 mètres). J'ai appris que les anguilles électriques électrocutent leurs proies jusqu'à ce qu'elles meurent.*

Après la lecture

- **Nomme quelques détails que tu as retenus.** *J'ai appris que les poissons vivent dans l'eau salée et l'eau douce. J'ai appris que le poisson-globe se remplit d'eau pour gonfler son corps comme un ballon, ce qui le rend difficile à avaler pour les poissons plus gros.*
- **Lis le livre à nouveau et cherche les mots du glossaire.** *Je vois le mot* ***ectothermes*** *à la page 4 et le mot* ***branchies*** *à la page 4. Les autres mots du glossaire se trouvent à la page 23.*

Crabtree Publishing Company
www.crabtreebooks.com 1–800–387–7650

Version imprimée du livre produite conjointement avec Blue Door Education en 2021.

Références photographiques : Couverture ©Kletr; p. 4-5 © VisionDive; p. 5 © NOAA Fisheries; p. 6-7 ©Rich Carey, p. 7 (photo en médaillon) © twospeeds; p. 8-9 ©Andrea Izzotti, p. 9 (photo en médaillon) ©Miguel Aleixo; p. 10 ©Leonardo Gonzalez, p. 11 ©Moize nicolas; p. 12 ©NOAA photo library https://creativecommons.org/licenses/by/2.0 , p. 13 ©Gilmanshin; p. 14-15 © Kris Wiktor, p. 14 (photo en médaillon) Joe Quinn; p. 16-17 © Kletr, p. 17 (photo en médaillon) © Drow_male https://creativecommons.org/licenses/by-sa/3.0/deed.en; p. 18-19 © Tamil Selvam, p. 18 (photo en médaillon) ©Steven G. Johnson https://creativecommons.org/licenses/by-sa/3.0/deed.en; p. 20 ©VisionDive, p. 21 © NatureDiver; p. 22 ©Kletr, Toutes les photos proviennent de Shutterstock.com sauf indication contraire.

Imprimé au Canada/082021/CPC

Auteur : Julie K. Lundgren
Coordinatrice à l'impression : Katherine Berti
Traduction : Annie Evearts

Publié au Canada par Crabtree Publishing
616 Welland Ave.
St. Catharines, ON
L2M 5V6

Publié aux États-Unis par Crabtree Publishing
347 Fifth Ave
Suite 1402-145
New York, NY 10016

Catalogage avant publication de Bibliothèque et Archives Canada

Titre: Des poissons / Julie K. Lundgren ; texte français d'Annie Evearts.
Autres titres: Fish. Français.
Noms: Lundgren, Julie K., auteur.
Description: Mention de collection: Effrayants mais intéressants | Les jeunes plantes de Crabtree | Traduction de : Fish. | Comprend un index.
Identifiants: Canadiana (livre imprimé) 20210286342 | Canadiana (livre numérique) 20210286369 | ISBN 9781039608382 (couverture souple) | ISBN 9781039608504 (HTML) | ISBN 9781039608627 (EPUB)
Vedettes-matière: RVM: Poissons—Ouvrages pour la jeunesse. | RVMGF: Documents pour la jeunesse.
Classification: LCC QL617.2 .L8614 2022 | CDD j597—dc23